Le petit livre des blagues et devinettes

W0394829

Célia Gallais, Michèle Lecreux
et Clémence Roux de Luze

LAROUSSE

Sommaire

La bonne adresse

Un monsieur frappe à la porte d'une gardienne d'immeuble :

« Bonjour madame, est-ce que monsieur Lepoulain habite toujours ici ?

- Ah non monsieur, désolée, il n'y a pas de monsieur Lepoulain ici. En revanche, il y a un monsieur Létalon…

- Ça doit être lui, je ne l'ai pas vu depuis dix ans ! »

Promesse

« Bonnes vacances, Lise !

Et dès ton arrivée, s'il te plaît, écris-moi sans faute !

- Oh tu sais, moi et l'orthographe ! »

Le petit livre des blagues et devinettes

LAROUSSE

ILLUSTRATIONS

Margaux Bouvier : p. 5, 7, 11, 14, 18, 21, 26, 29, 31, 34, 37, 41, 44, 47, 49, 53, 56, 60, 63, 68, 71, 73, 76, 79, 83, 86, 89, 91, 95, 98, 102, 105, 107, 110, 113, 115, 118, 121, 125, 128, 131, 133, 137, 140, 144, 147, 152, 155, 157, 160, 163, 167, 170, 173, 175, 179, 182, 186 et 189.

Alain Boyer : p. 1, 2, 10, 24, 38, 52, 66, 80, 94, 108, 122, 136, 150, 164, 178 et couverture.

René Cannella : p. 4, 8, 12, 15, 17, 20, 23, 27, 30, 33, 36, 39, 42, 46, 50, 54, 57, 59, 62, 65, 69, 72, 75, 78, 81, 84, 88, 92, 96, 99, 101, 104, 106, 111, 114, 117, 120, 123, 126, 130, 134, 138, 141, 143, 146, 149, 153, 156, 159, 162, 165, 168, 172, 176, 180, 183, 185, 188 et 191.

Marie Ligier de Laprade : p. 6, 9, 13, 16, 19, 22, 25, 28, 32, 35, 40, 43, 45, 48, 51, 55, 58, 61, 64, 67, 70, 74, 77, 82, 85, 87, 90, 93, 97, 100, 103, 109, 112, 116, 119, 124, 127, 129, 132, 135, 139, 142, 145, 148, 151, 154, 158, 161, 166, 169, 171, 174, 177, 181, 184, 187, 190 et 192.

Direction de la publication : Isabelle Jeuge-Maynart
Direction éditoriale : Séverine Charbonnel-Bojman
Édition : Magali Marquet, assistée de Aude Maggiori
Responsable artistique : Laurent Carré
Mise en page : Sylvie Fécamp
Lecture-correction : Chantal Pagès
Fabrication : Martine Toudert
Photogravure : Irilys

21, rue du Montparnasse - 75006 Paris

ISBN : 978-2-03-586843-5
Conforme à la loi n° 49 956 du 16 juillet 1949 sur les publications destinées à la jeunesse.

Une histoire de matou

Monsieur et madame Lechat ont décidé de divorcer. Quand on leur demande pourquoi, ils répondent : « Nous n'étions pas félins pour l'autre… »

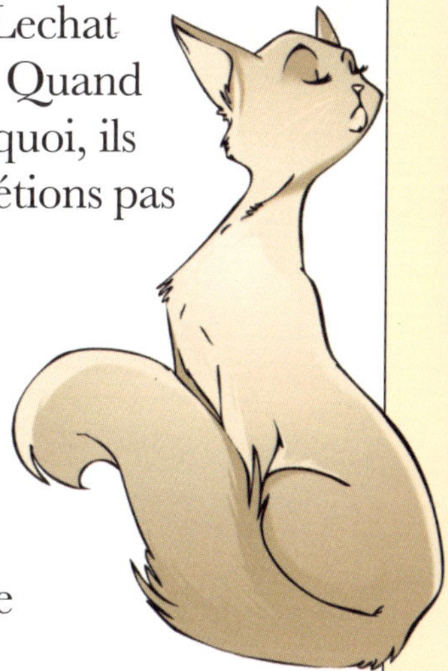

Calcul savant

À l'épicerie, madame Gaultier demande un kilogramme de pommes de terre :

« Des petites ou des grosses ? lui répond la vendeuse.

- Donnez-moi plutôt des petites, ce sera moins lourd à porter ! »

Zéro pointé

La maman de Nicolas est très ennuyée : son fils revient toutes les semaines avec des zéros à ses devoirs. Elle décide d'aller voir sa maîtresse :
« Mais madame, pourquoi ne mettez-vous que des zéros à mon fils ?
- Parce qu'il n'existe pas de notes plus basses ! »

Au pied !

Un chiot demande à ses deux grands frères :
« Dites, comment vous vous appelez, vous, "Assis", "Couché" ou "Pantoufles" ? »

Non voyante

Deux amies discutent dans la rue :
« Tu crois aux voyantes, toi ?

- Avant, j'y croyais, mais plus maintenant.
- Ah ? Et quand as-tu changé d'avis ?
- Eh bien ! un jour j'ai consulté madame Urma, réputée la meilleure voyante du quartier. Mais en fait, elle ne voit rien du tout !
- Comment t'en es-tu aperçue ?
- Très simplement. En arrivant chez elle, j'ai frappé à sa porte et elle m'a répondu : "Qui est là ?" »

Devinettes pas bêtes !

Ce qui est amusant avec les devinettes,
c'est de voir les autres
se creuser la tête pour
trouver la bonne
réponse !

Régale-toi avec
ces devinettes consacrées
à nos amies les bêtes...

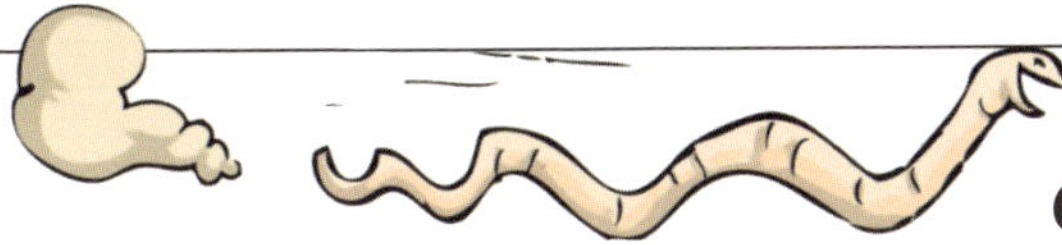

Que dit un ver qui arrive dans un plat de spaghettis ?

Super, il y a déjà plein de copains ici !

De quoi le coq a-t-il le plus peur ?

D'avoir la chair de poule.

Quel est l'animal le plus bête ?

Le lionceau (lion sot).

Qu'est-ce qui fait « zzzb, zzzb, zzzb » ?

Une abeille qui vole à reculons.

Qu'est-ce qui fait « toin-toin » ?

Un tanard.

Quel animal a trois bosses ?

Un chameau qui s'est cogné la tête.

Comment peut-on sauver une mouche qui s'étouffe ?

On lui fait du « mouche-à-mouche ».

Qu'est-ce qui fait 999 fois « tic » et 1 fois « toc » ?

Un mille-pattes avec une jambe de bois.

Que dit le hibou à sa femme chaque 1er janvier ?

Je te chouette une bonne année.

Quel est le poisson le plus distrait ?

Le poisson-lune.

Quelle chaîne de télé les chiens préfèrent-ils ?

Canal puce.

Qu'est-ce qui est invisible et qui sent la carotte ?

Un pet de lapin.

Quel métier les jeunes taupes rêvent-elles d'exercer ?

Elles rêvent d'être taupe modèle (top model).

Que font les cygnes quand ils se marient ?

Ils se font des petits signes (cygnes).

Quel est le dessert préféré des petites araignées ?

La mouche au chocolat.

Quel animal a six pattes et marche sur la tête ?

Le pou.

Pourquoi les éleveurs de pigeons voyageurs les marient-ils avec des femelles piverts ?

Parce que leurs enfants sauront apporter des messages en frappant à la porte avant d'entrer.

Pourquoi les serpents venimeux font-ils toujours très attention en mangeant ?

Parce qu'ils ont peur de se mordre la langue.

Comment les abeilles communiquent-elles aujourd'hui ?

Par e-miel.

Quels sont les deux animaux les plus intelligents quand ils se rencontrent ?

Le cerf et le veau (cerveau).

De quoi une poule a-t-elle le plus peur ?

D'avoir beaucoup de fièvre et de pondre des œufs durs.

Comment un chat malade se soigne-t-il ?

Il demande au pharmacien : « un sirop pour ma toux » (pour matou).

Pourquoi les lapins ne peuvent-ils jamais jouer aux cartes ?

Parce qu'ils mangent tous les trèfles.

Quelle différence y a-t-il entre un éléphant d'Inde et un éléphant d'Afrique ?

3 000 kilomètres.

Que disent deux chiens qui découvrent un réverbère tout neuf ?

Ça s'arrose !

Quel insecte les Italiens aiment-ils beaucoup ?

Le mille-pattes (pâtes).

Quel est le poisson le moins partageur ?

Le gardon.

Quel est le spectacle préféré des écureuils ?

Casse-Noisette.

Comment appelle-t-on un chien qui n'a pas de pattes ?

On ne l'appelle pas, on va le chercher !

Quelle danse les matous préfèrent-ils ?

Le cha-cha-cha.

Une fourmi rouge et une fourmi noire sont sur le dos d'un âne. Laquelle va doubler l'autre en premier ?

Aucune : on ne double pas sur un dos d'âne.

Qu'est-ce qui est noir et blanc, noir et rouge, noir et blanc, noir et rouge, etc. ?

Un zèbre qui rougit.

Que prend un éléphant quand il est dans un bar ?

De la place !

Comment une araignée écrit-elle à sa famille ?

En pattes de mouche.

Où doit-on chercher des chats rigolos ?

Dans les livres, parce qu'on y trouve des chapitres (des chats pitres).

Pourquoi les lézards aiment-ils les vieux murs ?

Parce que c'est là qu'on trouve le plus de lézardes.

Quelles sont les grenouilles les mieux coiffées ?

Les rainettes (raie nette).

Quelle est la différence entre un léopard et une laitue ?

Un léopard est tacheté sur le corps, alors qu'une laitue est achetée sur un marché.

Un chien blanc rentre dans la mer Noire. Comment ressort-il ?

Tout mouillé !

Que dit-on d'une truie qui a une mouche sur le nez ?

Qu'elle a un groin de beauté.

Pourquoi les éléphants sont-ils mauvais en mathématiques ?

Parce qu'ils se trompent tout le temps.

Quel est l'animal le plus généreux ?

Le poulain, parce que quand y'en a poulain, y'en a pour l'autre.

Pourquoi les Anglais n'aiment-ils pas les grenouilles ?

Parce qu'elles font le thé tard (têtard).

Quand un pou et une mouche font la course, qui gagne ?

Le pou, car il est en tête.

Comment appelle-t-on un rat qui aime se baigner dans la mer ?

Un raz-de-marée.

La visite

Juste avant de partir, le père de Julien prévient son fils :
« Tu as intérêt à bien te tenir chez mamie !
- Pourquoi, ça glisse chez elle ? »

Eau voleur !

« Ma maison a été dévalisée ! Ils ont tout pris sauf un savon, les brosses à dents et le gant de toilette.
- Ah, les sales voleurs ! »

Qui est à l'appareil ?

« Allô ? dit une fillette,
je voudrais parler à Nathalie.

- C'est Nathalie au téléphone.

- Vraiment ? C'est drôle,
je ne reconnais pas ta voix.

- Je t'assure que c'est bien moi !
Mais toi qui es-tu ?

- Camille. Pourrais-tu me prêter
10 euros ?

- J'ai bien noté votre message,
madame, je dirai à Nathalie que vous
avez appelé… »

La fuite

Le professeur de mathématiques lit l'énoncé de l'exercice à voix haute : « Sachant qu'un robinet qui fuit perd un litre d'eau chaque mois, combien de litres d'eau perdrez-vous en une année ? »
Mathieu est envoyé au tableau pour résoudre le problème. Il se met à écrire : 01 46 87 23...

« Mais enfin, Mathieu, à quoi joues-tu ? lui demande son professeur, mécontent.
- Monsieur, je vous donne le numéro de mon oncle, il est plombier. Ça peut servir ! »

Ça porte malheur !

Deux cambrioleurs sont en plein travail lorsqu'ils entendent le propriétaire des lieux rentrer chez lui :

« Vite, sautons par la fenêtre !

- Mais tu es fou, nous sommes au 13e étage !

- Écoute, ça n'est vraiment pas le moment d'être superstitieux ! »

On ne dit pas, on dit...

On ne dit pas « la maîtresse d'école » mais « l'institutrice prend l'avion » puisque la maîtresse décolle.

Si tu as compris le principe, trouve la réponse aux devinettes suivantes…

Si on ne dit pas « le ravioli », que dit-on ?

On dit « le rat est paresseux », puisque le rat vit au lit.

Si on ne dit pas « c'est un pull-over », que dit-on ?

On dit « c'est un tricot à la campagne », puisque c'est un pull au vert.

Si on ne dit pas « il a un cerf-volant », que dit-on ?

On dit « il réfléchit lentement », puisqu'il a un cerveau lent.

Si on ne dit pas « c'est un petit passage », que dit-on ?

On dit « c'est un enfant turbulent », puisque c'est un petit pas sage.

Si on ne dit pas « maîtresse », que dit-on ?

On dit « mes nattes », puisque mes tresses.

Si on ne dit pas « elle a un potager », que dit-on ?

On dit « elle a un vieux copain », puisqu'elle a un pote âgé.

Si on ne dit pas « le boucher est ouvert », que dit-on ?

On dit « le boucher est malade », puisque le boucher est tout vert.

Si on ne dit pas « il a un papyrus », que dit-on ?

On dit « son grand-père est de Moscou », puisqu'il a un papy russe.

Si on ne dit pas « c'est défendu », que dit-on ?

On dit « disque fêlé », puisque CD fendu.

Si on ne dit pas « il était tard », que dit-on ?

On dit « c'est un petit crapaud », puisqu'il est têtard.

Si on ne dit pas « mon amiral », que dit-on ?

On dit « mon copain n'est pas content », puisque mon ami râle.

Si on ne dit pas « incarcéré », que dit-on ?

On dit « un bus bondé », puisqu'un car serré.

Si on ne dit pas « il a un petit canif », que dit-on ?

On dit « il a un petit fien frisé », puisqu'il a un petit canif… et un défaut de prononciation !

Si on ne dit pas « un corbeau », que dit-on ?

On dit « une belle silhouette », puisqu'un corps beau.

Si on ne dit pas « il habite à l'île Maurice », que dit-on ?

On dit « Maurice vit dans le nord de la France », puisqu'il habite à Lille, Maurice.

Si on ne dit pas « la salle des fêtes », que dit-on ?

On dit « un échec terrible », puisque la sale défaite.

Si on ne dit pas « un pays dangereux », que dit-on ?

On dit « le paradis », puisqu'un pays d'anges heureux.

Si on ne dit pas « un inconnu », que dit-on ?

On dit « un compagnon de Blanche-Neige », puisqu'un nain connu.

Si on ne dit pas « Richelieu », que dit-on ?

On dit « superbe endroit », puisque riche lieu.

Si on ne dit pas « un camion-citerne », que dit-on ?

On dit « un poids lourd tout gris », puisqu'un camion si terne.

Si on ne dit pas « balançoire », que dit-on ?

On dit « fête qui commence tard », puisque bal en soir.

Si on ne dit pas « un abricotier », que dit-on ?

On dit « une petite maison au bord de la mer », puisqu'un abri côtier.

Si on ne dit pas « passer à l'heure d'été », que dit-on ?

On dit « arriver à cinq heures », puisque passer à l'heure des thés.

Si on ne dit pas « l'enjoliveur », que dit-on ?

On dit « Oliver est un amour », puisque l'ange Oliver.

Si on ne dit pas « un Bavarois », que dit-on ?

On dit « un souverain qui n'arrête pas de parler », puisqu'un bavard roi.

Si on ne dit pas « dégâts du feu », que dit-on ?

On dit « des pompiers », puisque des gars du feu.

Si on ne dit pas « il est népalais », que dit-on ?

On dit « le bébé est beau », puisqu'il est né pas laid.

Si on ne dit pas « marrante », que dit-on ?

On dit « mon salaire », puisque ma rente.

Si on ne dit pas « l'idole des jeunes », que dit-on ?

On dit « la star prend son repas du midi », puisque l'idole déjeune.

Si on ne dit pas « une aubergine », que dit-on ?

On dit « un hôtel à la mode », puisqu'une auberge « in ».

Si on ne dit pas « un match interminable », que dit-on ?

On dit « une rencontre sportive nulle », puisqu'un match inter-minables.

Si on ne dit pas « une mitrailleuse », que dit-on ?

On dit « un insecte qui se moque », puisqu'une mite railleuse.

Si on ne dit pas « le bouclier », que dit-on ?

On dit « le mari de la chèvre attaché », puisque le bouc lié.

Si on ne dit pas « élastique », que dit-on ?

On dit « elle cire les meubles », puisqu'elle astique.

Si on ne dit pas « météo », que dit-on ?

On dit « habille-toi », puisque mets tes hauts.

Si on ne dit pas « un poète », que dit-on ?

On dit « un klaxon », puisqu'un pouet.

Si on ne dit pas « un car de policiers », que dit-on ?

On dit « po », puisqu'un quart de « policier » (soit deux lettres sur huit).

Si on ne dit pas « mine de rien », que dit-on ?

On dit « gisement épuisé », puisque mine de rien.

Si on ne dit pas « dégâts des eaux », que dit-on ?

On dit « des vétérinaires », puisque des gars des zoos.

Si on ne dit pas « cyclone », que dit-on ?

On dit « sextuplés », puisque six clones.

Si on ne dit pas « un emblème », que dit-on ?

On dit « une année glauque », puisqu'un an blême.

Si on ne dit pas « la mer monte », que dit-on ?

On dit « la maman prend l'ascenseur », puisque la mère monte.

Si on ne dit pas « faux départ », que dit-on ?

On dit « faut couper le gâteau », puisque faut des parts.

Mauvaise adresse

« Docteur, je me sens lourd comme un éléphant et j'ai l'appétit d'un moineau.
- Dans ce cas, il vaudrait mieux aller consulter un vétérinaire ! »

Là-haut

Deux anges discutent dans le ciel :
« Quel temps va-t-il faire demain ?
- Nuageux, paraît-il.
- Tant mieux, on va pouvoir faire la sieste ! »

Garanti naturel

Au restaurant, un homme se plaint au serveur :

« C'est très joli ces dessins sur le beurre, mais regardez, j'ai trouvé un cheveu !

- C'est normal, monsieur, pour faire ces dessins, j'ai utilisé mon peigne… »

C'est les boules !

Un sapin de Noël arrive avec beaucoup de retard à la fête du réveillon :

« Zut alors, je vais encore me faire enguirlander ! »

Déménageurs malgré eux

« Qui aime le piano ? » demande le professeur de musique.
Erwan et Thibaut lèvent le doigt. « Parfait, vous allez pouvoir le déplacer au milieu de la classe ! »

Coup de foudre

Deux crabes se prélassent sous un rocher et voient passer une mignonne petite crevette. Voyant son copain rougir, l'autre crabe s'exclame : « Mais dis donc, on dirait que tu en pinces pour elle ! »

Texas-gère !

Un Australien reçoit la visite d'un cousin du Texas, avec qui il s'est toujours senti en compétition :

« Regarde nos moutons, dit l'Australien.

- Pff, répond le Texan, les nôtres sont quatre fois plus gros.

- Et nos lapins, tu as vu nos lapins ?

- Tu me fais rire, dit le cousin, ils sont ridicules à côté des lapins américains ! »

Soudain, un kangourou passe devant eux :

« Mais, qu'est-ce que c'est que ça ? s'écrie le Texan.

- Eh bien, ça, c'est ce qu'ici nous appelons les sauterelles ! »

C'EST LE COMBLE !

Ce sera un comble si, avec ces combles,
tu n'es pas comblé de joie et
qu'en les racontant, tu ne
fasses pas salle comble,
de fond en comble !

Quel est le comble pour une locomotive ?

C'est d'arriver sans crier gare.

Quel est le comble pour un marin ?

C'est d'avoir le nez qui coule.

Quel est le comble pour un professeur de musique ?

C'est de mettre des mauvaises notes.

Quel est le comble pour un juge gourmand ?

C'est de manger des avocats au dîner.

Quel est le comble pour un agent de police ?

C'est d'arrêter les oiseaux parce qu'ils volent.

Quel est le comble pour un pâtissier ?

C'est de faire des éclairs du tonnerre… et ça n'est pas de la tarte !

Quel est le comble pour une souris ?

C'est d'avoir un chat dans la gorge.

Quel est le comble pour l'Homme invisible ?

C'est de se faire mal voir.

Quel est le comble de la vengeance ?

C'est de lancer de la poudre à gratter sur un moustique.

Quel est le comble pour un éléphant ?

C'est d'être sans défense.

Quel est le comble pour un vétérinaire ?

C'est d'être malade comme un chien.

Quel est le comble pour une coccinelle sportive ?

C'est d'avoir tant couru qu'elle a un point de côté.

Quel est le comble pour un mouton ?

C'est d'avoir une faim de loup.

Quel est le comble pour un boulanger ?

C'est d'être dans le pétrin.

Quel est le comble pour un ange ?

C'est d'être dans les nuages.

Quel est le comble pour un électricien ?

C'est de ne pas être au courant.

Quel est le comble pour un hérisson au bord de la mer ?

C'est de confondre sa petite sœur avec un oursin.

Quel est le comble pour un jardinier élégant ?

C'est de porter un gilet à pois et un chapeau melon.

Quel est le comble pour une voyante ?

C'est d'avoir la vue qui baisse.

Quel est le comble pour un avion ?

C'est qu'on lui mette un antivol.

Quel est le comble pour un pompier ?

C'est de porter des vêtements flambant neuf.

Quel est le comble pour un boucher ?

C'est d'avoir un caractère de cochon.

Quel est le comble pour un kangourou ?

C'est de ne pas avoir un sou en poche.

Quel est le comble pour un chauve ?

C'est d'avoir un cheveu sur la langue.

Quel est le comble de la soif ?

C'est de boire les paroles de quelqu'un.

Quel est le comble pour un cordonnier ?

C'est d'être tout le temps dans le cirage.

Quel est le comble pour un myope ?

C'est de manger des lentilles.

Quel est le comble pour une clé ?

C'est de se faire mettre à la porte.

Quel est le comble pour un marchand de fruits ?

C'est de ne pas avoir la pêche.

Quel est le comble pour une brosse à dents ?

C'est d'être de mauvais poil.

Quel est le comble pour un agriculteur frileux ?

C'est d'avoir un champ d'ail (chandail).

Quel est le comble pour un roi ?

C'est d'aller voir un dentiste pour un mal au palais et un problème de couronne.

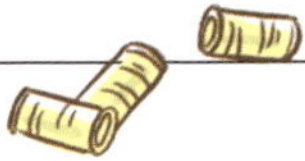

Quel est le comble pour un horloger ?

C'est de chercher midi à quatorze heures.

Quel est le comble pour une boussole ?

C'est de perdre le nord.

Quel est le comble de la coquetterie pour une voleuse ?

C'est d'aller au salon de coiffure pour se faire boucler.

Quel est le comble pour un amateur de poivre ?

C'est de mettre son grain de sel partout.

Quel est le comble pour une puce ?

C'est d'être allergique aux poils de chien.

Quel est le comble pour une limace ?

C'est d'en baver pour se déplacer.

Quel est le comble pour un gardien de football ?

C'est de ne pas avoir de but dans la vie.

Quel est le comble pour un serrurier ?

C'est de finir sa vie sous les verrous.

Quel est le comble pour un marchand de porcelaine ?

C'est de manquer de bol.

Quel est le comble pour un peintre ?

C'est de s'emmêler les pinceaux parce qu'il est au bout du rouleau.

Quel est le comble pour un chasseur ?

C'est que son chien lui pose un lapin.

Quel est le comble pour un menuisier ?

C'est de se faire payer avec un chèque en bois.

Quel est le comble pour un aviateur ?

C'est d'avoir les oreilles décollées.

Quel est le comble pour une taupe ?

C'est de se creuser la tête.

Quel est le comble pour un « i » ?

C'est d'être mal en point.

Quel est le comble pour un mathématicien ?

C'est de voir sa moitié monter dans un car avec un tiers.

Quelle habileté !

Deux fous se penchent à la fenêtre d'un train :
« Quel talent ! dit l'un.
- De qui parles-tu ?
- Du conducteur ! Il vise les tunnels
et il n'en rate pas un seul ! »

Contrôle détourné

Un policier arrête une voiture sur l'autoroute.
« À combien rouliez-vous ?
- À deux seulement, mais
si vous voulez qu'on vous
emmène, montez, il reste
de la place ! »

Souvenirs, souvenirs

De retour de vacances passées dans le désert, un jeune homme montre ses photos et explique : « C'est un pays extraordinaire. Là-bas, la sécheresse est telle que les vaches donnent du lait en poudre ! »

Garçon !

« S'il vous plaît, c'est cela que vous appelez un café fort ?
- Oui, la preuve : une seule gorgée a suffi à vous énerver ! »

Incognito

Deux fillettes sont en grande discussion dans la cour de récréation :

« Sais-tu comment les fourmis font pour éviter qu'on leur marche dessus ?

- Je ne sais pas...

- Eh bien, elles portent des lunettes noires, pour ne pas qu'on les repère !

- T'as déjà vu des fourmis avec des lunettes noires, toi ?

- Eh bien non, justement : tu vois, elles sont donc bien cachées ! »

Facile, Émile !

Deux mamans discutent :
« Ma fille est tellement intelligente qu'à 4 ans, elle sait déjà épeler son prénom dans les deux sens.
- Merveilleux ! Et comment s'appelle-t-elle ?
- Anna ! »

Allumé !

« Moi, toute l'année, j'ai des ampoules dans les mains.
- Ah bon, tu fais un travail difficile ?
- Non, je suis vendeur au rayon électricité. »

Monsieur et Madame...

Drôles de familles, drôles de prénoms...
Après avoir lu ces devinettes, essaye à ton tour d'en inventer !

Monsieur et madame Onciterne ont une fille. Comment s'appelle-t-elle ?

Camille (Camion-citerne).

Monsieur et madame Deuf ont un fils. Comment s'appelle-t-il ?

John (Jaune d'œuf).

Monsieur et madame Aire ont un fils. Comment s'appelle-t-il ?

Axel (Accélère).

Monsieur et madame Vaisselle ont une fille. Comment s'appelle-t-elle ?

Aude (Eau de vaisselle).

Monsieur et madame Nanasse ont un fils. Comment s'appelle-t-il ?

Judas (Jus d'ananas).

Monsieur et madame Orak ont une fille.
Comment s'appelle-t-elle ?

Anne (Anorak).

Monsieur et madame Hisse ont un fils.
Comment s'appelle-t-il ?

Paul (Police).

Monsieur et madame Sure ont une fille.
Comment s'appelle-t-elle ?

Sarah (Ça rassure).

Monsieur et madame Cament ont un fils.
Comment s'appelle-t-il ?

Mehdi (Médicament).

Monsieur et madame Fépeur ont une fille.
Comment s'appelle-t-elle ?

Emma (Elle m'a fait peur).

Monsieur et madame Tine ont un fils. Comment s'appelle-t-il ?

Clément (Clémentine).

Monsieur et madame Diossi ont une fille. Comment s'appelle-t-elle ?

Kelly (Quelle idiotie !).

Monsieur et madame Paldire ont un fils. Comment s'appelle-t-il ?

José (J'osais pas le dire).

Monsieur et madame Lacouverturemegratte ont une fille. Comment s'appelle-t-elle ?

Sandra (Sans draps la couverture me gratte).

Monsieur et madame Zié ont une fille. Comment s'appelle-t-elle ?

Betty (Bêtisier).

Monsieur et madame Akeupourlui ont un fils. Comment s'appelle-t-il ?

Yann (Y en a que pour lui).

Monsieur et madame Tanrien ont un fils. Comment s'appelle-t-il ?

Jean (J'entends rien).

Monsieur et madame Encieu ont une fille. Comment s'appelle-t-elle ?

Cécile (C'est silencieux).

Monsieur et madame Huaire ont une fille. Comment s'appelle-t-elle ?

Anne (Annuaire).

Monsieur et madame Aipipioli ont un fils. Comment s'appelle-t-il ?

Jeff (J'ai fait pipi au lit).

Monsieur et madame Oucessoir ont une fille. Comment s'appelle-t-elle ?

Ondine (On dîne où ce soir ?).

Monsieur et madame Agère ont un fils. Comment s'appelle-t-il ?

Tex (T'exagères).

Monsieur et madame Durdanslejardin ont une fille. Comment s'appelle-t-elle ?

Sabine (Ça bine dur dans le jardin).

Monsieur et madame Èkassé ont deux filles. Comment s'appellent-elles ?

Sara Kate (Sa raquette est cassée).

Monsieur et madame Dimanche ont un fils. Comment s'appelle-t-il ?

Jamel (Jamais le dimanche).

Monsieur et madame Pachanger ont une fille. Comment s'appelle-t-elle ?

Tina (Tu n'as pas changé).

Monsieur et madame Goudi ont une fille. Comment s'appelle-t-elle ?

Debby (Des bigoudis).

Monsieur et madame Donctoilaba ont un fils. Comment s'appelle-t-il ?

Eddy (Hé dis donc toi là-bas !).

Monsieur et madame Péré ont une fille. Comment s'appelle-t-elle ?

Inès (Inespéré).

Monsieur et madame Èdessauvetage ont un fils. Comment s'appelle-t-il ?

Gilles (Gilet de sauvetage).

Monsieur et madame Sonkui ont une fille et un fils. Comment s'appellent-ils ?

Léa Rico (Les haricots sont cuits).

Monsieur et madame Liguili ont un fils. Comment s'appelle-t-il ?

Guy (Guili-guili).

Monsieur et madame Tokilèbon ont une fille. Comment s'appelle-t-elle ?

Olga (Oh le gâteau qu'il est bon !).

Monsieur et madame Nastic ont un fils. Comment s'appelle-t-il ?

Jim (Gymnastique).

Monsieur et madame Planteverte ont trois filles. Comment s'appellent-elles ?

Elsa Rose Laure (Elles arrosent leurs plantes vertes).

Monsieur et madame Taréhemboi ont une fille. Comment s'appelle-t-elle ?

Maggy (Ma guitare est en bois).

Monsieur et madame Atrovite ont un fils. Comment s'appelle-t-il ?

Yves (Il va trop vite).

Monsieur et madame Touille ont un fils. Comment s'appelle-t-il ?

Sacha (Ça chatouille).

Monsieur et madame Smoalplenché ont une fille. Comment s'appelle-t-elle ?

Deborah (Débarrasse-moi le plancher !).

Monsieur et madame Petitidée ont une fille. Comment s'appelle-t-elle ?

Justine (Juste une petite idée).

Mauvaise humeur

La poule Lolotte est de très mauvaise humeur ce matin. Sa copine Mireille tente de l'apaiser en lui faisant la conversation :

« Je ne sais pas quoi faire aujourd'hui, tu as une idée ?

- Va te faire cuire un œuf ! »

Sportifs !

Deux escargots veulent atteindre le sommet d'un grand arbre. Après deux jours d'escalade, ils touchent enfin au but. Un écureuil, très admiratif, leur dit : « Bravo, les gars, vous avez dû en baver ! »

Sans fautes !

Joséphine montre son exercice de géographie à son papa :
« Tu pourrais écrire mieux, Joséphine, je n'arrive pas à te lire !
- C'est fait exprès : la dernière fois que la maîtresse a réussi à me lire, elle m'a mis un zéro ! »

Les gourmandes

Irène et Valérie aimeraient bien manger les pommes de leur voisin, mais un grand mur sépare leur jardin du sien :
« Attends, j'ai une idée, s'exclame Valérie, donne-moi une bonne gifle et je vais tomber dans les pommes... »

Vengeance

« Pourquoi pleures-tu ? demande sa maman à Valentine.
- Parce que papa vient de se cogner dans la vitre.
- Eh bien c'est drôle, j'aurais ri à ta place !
- C'est ce que je viens de faire justement... »

Le goûter

Il est 16 heures et Stéphane a un petit creux :
« Dis papa, où se trouvent les petits-suisses ?
- Regarde dans ton livre de géographie ! »

Le blanc et le noir

Lors d'un enterrement, une fillette demande à sa mère :
« Maman, pourquoi les gens sont-ils tous habillés en noir ?
- C'est pour montrer qu'ils sont tristes.
- Mais alors, pourquoi le prêtre est-il tout en blanc ? »

Histoire de politesse

Un vieux monsieur de 90 ans rencontre Rébecca et lui demande :
« Comment va ton grand-père ?
- Très bien, je vous remercie. Et le vôtre ? »

Des pluriels pour rire !

Tu sais que la plupart des noms prennent un « s » au pluriel et que ceux qui se terminent en « au » prennent un « x ».

Mais tu vas découvrir que certains pluriels sont beaucoup plus amusants…

Quel est le pluriel d'un soda ?

Des haltères (car un soda désaltère).

Quel est le pluriel d'un rat ?

Des goûts (car un rat d'égout).

Quel est le pluriel d'une épaule ?

Des mises (car une épaule démise).

Quel est le pluriel d'un scout ?

Des brouillards (car un scout débrouillard).

Quel est le pluriel d'un soldat ?

Des armées (car un soldat désarmé).

Quel est le pluriel d'un évier ?

Des bouchers (car un évier débouché).

Quel est le pluriel d'un avion ?

Des colles (car un avion décolle).

Quel est le pluriel d'un lecteur ?

Des chiffres (car un lecteur déchiffre).

Quel est le pluriel d'un moteur ?

Des blocs (car un moteur débloque).

Quel est le pluriel d'un cheval ?

Des scellés (car un cheval dessellé).

Quel est le pluriel d'un jardinier ?

Des herbes (car un jardinier désherbe).

Quel est le pluriel d'un chemin ?

Des tournées (car un chemin détourné).

Quel est le pluriel d'un sirop ?

Des râbles (car un sirop d'érable).

Quel est le pluriel de la Lune ?

Des croix (car la Lune décroît).

Quel est le pluriel d'un ministre ?

Des missionnaires (car un ministre démissionnaire).

Quel est le pluriel d'un régiment ?

Des fils (car un régiment défile).

Quel est le pluriel d'un bateau ?

Des rives (car un bateau dérive).

Quel est le pluriel d'une voiture ?

Des mares (car une voiture démarre).

Quel est le pluriel d'un vrai ?

Des astres (car un vrai désastre).

Quel est le pluriel d'un mur ?

Des crépis (car un mur décrépi).

Quel est le pluriel d'un gros ?

Des faux (car un gros défaut).

Quel est le pluriel d'un air ?

Des confits (car un air déconfit).

Quel est le pluriel d'un appareil ?

Des montées (car un appareil démonté).

Quel est le pluriel d'un jeune ?

Des buttes (car un jeune débute).

Quel est le pluriel d'une moue ?

Des goûters (car une moue dégoûtée).

Quel est le pluriel d'un cartable ?

Des colliers (car un cartable d'écolier).

Quel est le pluriel de ton tee-shirt ?

Des passes (car ton tee-shirt dépasse).

Quel est le pluriel de monter ?

Des cendres (car monter - descendre).

Quel est le pluriel d'un joli ?

Des saints (car un joli dessin).

Quel est le pluriel de l'argent ?

Des tournées (car de l'argent détourné).

Quel est le pluriel d'une dent ?

Des chaussées (car une dent déchaussée).

Quel est le pluriel d'un poète ?

Des clams (car un poète déclame).

Quel est le pluriel d'un voleur ?

Des robes (car un voleur dérobe).

Quel est le pluriel d’un faux ?

Des parts (car un faux départ).

Quel est le pluriel d’un nœud ?

Des faits (car un nœud défait).

Quel est le pluriel d’une bande ?

Des cinés (car une bande dessinée).

Quel est le pluriel d’un lieu ?

Des airs (car un lieu désert).

Souvenir renversant

Papa traverse la rue principale du village et montre à son fils son ancienne école :
« Mais papa, pourquoi te mets-tu à marcher sur les mains ?
- J'ai juré de ne plus jamais remettre les pieds dans cet endroit ! »

Zéro de conduite

« Lili, ralentis un peu la voiture dans les virages ! À chaque fois, j'ai l'impression qu'on va tomber dans le ravin !
- Tu n'as qu'à faire comme moi : ferme les yeux ! »

De nouvelles chaussures

Une maman dit à sa fille :

« Allez viens, je t'emmène t'acheter de nouveaux mocassins pour l'école.

- Mais maman, la maîtresse ne voudra jamais que j'emmène des bébés sangliers dans la classe ! »

Drôle de rôti

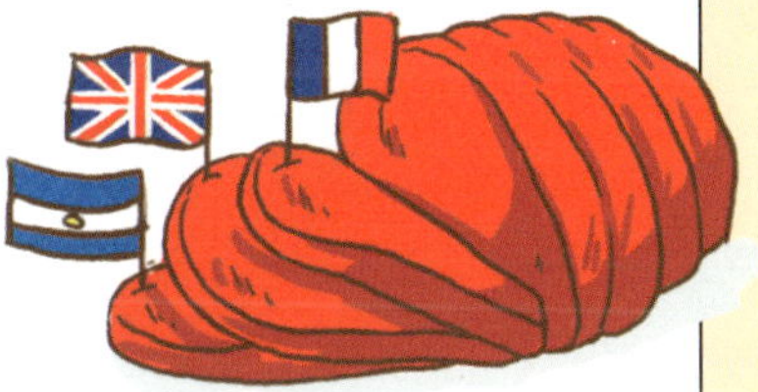

Papa se rend chez le boucher :
« Quelle viande voulez-vous, monsieur, de la française, de l'anglaise, ou de l'argentine ?
- Cela m'est égal, répond papa, je ne tiens pas à discuter avec elle, je veux juste la manger ! »

Girouette

Au cinéma, Chloé n'arrête pas de bouger sur son siège. Océane, agacée, lui demande ce qu'elle cherche :
« Mon caramel ! répond Chloé.
- Mais enfin, ce n'est pas grave !
- Mais si, mon appareil dentaire est parti avec ! »

Vocabulaire de rue

La maîtresse dit à Maxime :
« Une grande rue, cela s'appelle aussi une artère.
- Oui, et la traverser sans se faire écraser, c'est une veine ! »

Histoire de fous

Deux mamans se croisent au supermarché :

« Oh Nicole, c'est fou comme tu as changé, ton nez, tes yeux !

- Mais je ne m'appelle pas Nicole !

- Incroyable, tu as même changé de prénom ! »

Double ration

Une lionne emmène ses deux petits à la chasse :

« Avant d'attaquer un homme, il faut toujours rugir très fort.

- Pourquoi ?

- Parce qu'un homme averti en vaut deux ! »

Lettres-rébus

Dans ce jeu, tu dois deviner une expression d'après la manière dont les mots sont disposés.

Par exemple : $\dfrac{\textit{cieuse}}{\textit{Lisa}}$

Ici, tu dois deviner l'expression « Lisa est soucieuse » puisque le mot « Lisa » est inscrit sous le mot « cieuse ».

Et maintenant, à toi de jouer !

ventriste
Chloé

Chloé est souvent triste.

Tom
toutoncopain

Tom est surtout ton copain.

si
100

Sans souci.

RRRR
un bruit

Un bruit sourd.

directeur
7 1

C'est un sous-directeur.

Manon
prise

Manon est surprise.

un réveil en

saut

Un réveil en sursaut.

un habit

mesure

Un habit sur-mesure.

un prisonnier en

6

Un prisonnier en sursis.

dain

un événement

Un événement soudain.

FLE

à bout 2

À bout de souffle.

marin

1

Un sous-marin.

un nez fort
humain

Un effort surhumain.

venir
un bon

Un bon souvenir.

pape
1 accident 2

Un accident de soupape.

un vrai
doué

Un vrai surdoué.

France
une grande

Une grande souffrance.

bois
1

Un sous-bois.

terrain

---

un labyrinthe

Un labyrinthe souterrain.

faire du

---

place

Faire du surplace.

riant

---

un visage

Un visage souriant.

une planche 2

FFFF

Une planche de surf.

un texte

---

chargé

Un texte surchargé.

pull

1

Un sous-pull.

un rôti

---

gelé

Un rôti surgelé.

sol

1

Un sous-sol gris.

calculer une

---

face

Calculer une surface.

entendu

---

un méchant

Un méchant sous-entendu.

une fin

---

prenante

Une fin surprenante.

rnoise

---

une grimace

Une grimace sournoise.

viens ici,

le champ !

Viens ici, sur-le-champ !

coupe

une tasse et une

Une tasse et une soucoupe.

ai

exaucer 1

Exaucer un souhait.

rendez-vous le

lendemain

Rendez-vous le surlendemain.

ligné

un mot

Un mot souligné.

pirant

mon

Mon soupirant.

7
———
1 *un sou*

Un sou c'est un sou.

pire
———
1

Un soupir.

une étude
———
veillée

Une étude surveillée.

1 branche 2
———
eau

Une branche de sureau.

lage
———
1 médicament

Un médicament soulage.

être en

thé

Être en sûreté.

lève

une grue

Une grue soulève.

mi

un chien

Un chien soumis.

pson

1 petit

Un petit soupçon.

100

prise

Sans surprise.

risso

1

Un souriceau.

rdine

chanter en

Chanter en sourdine.

un nouveau

vêtement

Un nouveau survêtement.

un travailleur

mené

Un travailleur surmené.

chef

1

Un sous-chef.

une chambre

chauffée

Une chambre surchauffée.

tien

son meilleur

Son meilleur soutien.

Gourmandise au rabais

Célia entre dans une boulangerie :
« Bonjour madame, combien coûte un mille-feuille ?
- Deux euros.
- Tenez, voici 50 centimes, je veux bien 250 feuilles… »

Silence !

Au théâtre, deux voisines n'arrêtent pas de discuter.
Énervé, leur voisin se penche vers elles et leur dit :
« S'il vous plaît, je n'entends rien !
- Tant mieux, nos histoires ne vous regardent pas ! »

Quelle aventure !

Gabriel raconte à l'un de ses amis :

« J'ai été renversé par une voiture !

- Ah bon ?

- Oui, et j'étais à peine relevé qu'un hélicoptère m'a heurté la tête, un camion m'a roulé dessus et, pour finir, une voiture de pompiers m'a percuté !

- Alors là, je ne crois plus du tout à ton histoire !

- Mais si, tu peux même demander au directeur du manège ! »

Tous pareils

Deux grains de sable se promènent tranquillement dans le désert. Soudain, l'un d'eux dit à l'autre : « Ne te retourne pas, je crois que nous sommes suivis ! »

Timbrée !

Une femme est en train d'écrire une lettre lorsqu'elle s'exclame :
« Mince, je l'avais sur le bout de la langue !
- Utilise un autre mot, lui répond son mari.
- Ce n'est pas un mot que je cherche, c'est mon timbre ! »

Premier degré

Au restaurant, Emmanuelle appelle le serveur, furieuse :

« Regardez, je viens de trouver trois épingles dans mon assiette !

- C'est normal, madame, vous avez demandé une sauce piquante ! »

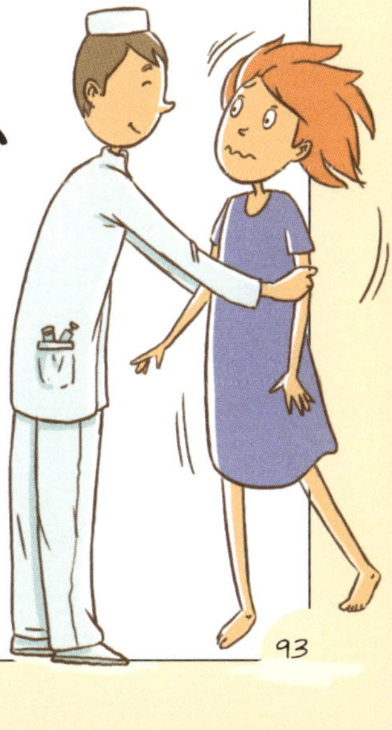

Comme un prunier

Le médecin-chef entre dans une chambre et voit l'infirmier secouer violemment la malade :

« Mais vous êtes fou !

- Je suis désolé, répond l'infirmier, mais j'ai oublié de secouer le flacon avant de lui donner son médicament. »

CHAT - RAT - DEUX !

Mon premier est un matou, mon deuxième vit dans les égouts, mon troisième vaut le double de un, et mon tout est un jeu très amusant !

Mon premier est une boisson chaude ou froide.
Mon deuxième est ce que donnent les vaches.
Mon troisième n'est pas vrai.
Mon quatrième est ce que tu fais à tes lacets.
Mon tout est un outil de communication.

Téléphone (thé - lait - faux - nœud).

Mon premier se trouve entre la tête et les épaules.
Mon deuxième est une enjambée.
Mon troisième est la couleur du ciel.
Mon tout a commis un délit.

Coupable (cou - pas - bleu).

Mon premier mange les petits
enfants dans les contes.
Mon deuxième n'est pas grand-chose.
Mon tout est très utile aux détectives.

Loupe (loup - peu).

Mon premier est une reine de beauté.
Mon deuxième est notre planète.
Mon tout est intrigant.

Mystère (miss - Terre).

Mon premier est la 2e note de la gamme.
Mon deuxième sert à écrire au tableau.
Mon troisième est une voyelle.
Mon quatrième est « oui » en italien.
Mon cinquième remplace « nous ».
Mon tout est le meilleur moment
de la journée pour un élève.

Récréation (ré - craie - a - si - on).

Mon premier est le tiers de trois.
Mon deuxième est le double de cinq.
Mon tout est très utile dans une enquête.

Indice (un - dix).

Mon premier est la première personne du singulier.
Mon deuxième vaut plus que un.
Mon troisième est un imbécile.
Mon quatrième est la 7e note de la gamme.
Mon cinquième est une saison.
Mon tout nécessite des dés ou des cartes.

Jeu de société (je - deux - sot - si - été).

Mon premier est une consonne.
Mon deuxième sert à porter un panier.
Mon troisième vaut la moitié de quatre.
Mon quatrième est un outil servant à couper le bois.
Mon cinquième est au milieu de la figure.
Mon sixième est un adjectif possessif.
Mon tout est un moment qui te plaît beaucoup.

Séance de cinéma (c - anse - deux - scie - nez - ma).

Mon premier est une voyelle.
Mon deuxième se mange avec des baguettes.
Mon troisième est un copain en argot.
Mon quatrième se respire.
Mon tout se déplace sur un balai.

Harry Potter (a - riz - pote - air).

Mon premier est une voyelle.
Mon deuxième est à nous.
Mon troisième vaut dix fois dix.
Mon tout n'a rien fait.

Innocent (i - nos - cent).

Mon premier ne dit pas la vérité.
Mon deuxième n'est pas une fille.
Mon tout est une BD japonaise.

Manga (ment - gars).

Mon premier vaut moins que deux.
Mon deuxième est notre planète.
Mon troisième est tout propre.
Mon tout est un réseau informatique mondial.

Internet (un - Terre - net).

Mon premier est une servante.
Mon deuxième est un animal têtu.
Mon troisième est une saison.
Mon quatrième est un animal
qui porte des bois.
Mon tout se souhaite une fois par an.

Bon anniversaire (bonne - âne - hiver - cerf).

Mon premier dure douze mois.
Mon deuxième est une longue recherche.
Mon troisième se lit sur une montre.
Mon tout est un détective.

Enquêteur (an - quête - heure).

Mon premier est un métal jaune très précieux.
Mon deuxième mange son repas du soir.
Mon troisième est une tresse.
Mon quatrième vaut soixante minutes.
Mon tout te permet d'aller sur Internet.

Ordinateur (or - dîne - natte - heure).

Mon premier recouvre les muscles.
Mon deuxième est recouvert d'une couette.
Mon troisième signifie couper avec un outil.
Mon tout mène des enquêtes.

Policier (peau - lit - scier).

Mon premier est une céréale aux grains blancs et longs.
Mon deuxième est le verbe « aller » en anglais.
Mon troisième est ce que boivent les bébés.
Mon tout fait du bien au moral !

Rigoler (riz - go - lait).

Mon premier est utilisé par les alpinistes pour s'accrocher les uns aux autres.
Mon deuxième précède aujourd'hui.
Mon troisième est la moitié du mot « désert ».
Mon quatrième est une préposition de deux lettres.
Mon cinquième est le double de un.
Mon tout est une célèbre chaîne de montagnes.

Cordillère des Andes (corde - hier - dés - en - deux).

Mon premier est ce qui coule du robinet.
Mon deuxième est la moitié du prénom d'un célèbre personnage d'histoires drôles.
Mon troisième est le début du mot « copain ».
Mon quatrième n'est pas rapide.
Mon tout se colle partout.

Autocollant (eau - To - co - lent).

Mon premier est le mot « paix » en anglais.
Mon deuxième est une voyelle.

Mon troisième sert à lier des lacets ou des fils.
On se baigne dans mon tout.

Piscine (peace - i - nœud).

Mon premier est un animal qui ronronne.
Mon deuxième est ce que donne une montre.
Mon tout est agréable en été.

Chaleur (chat - l'heure).

On écrit au tableau avec mon premier.
Mon deuxième, c'est la vache qui le dit.
Mon troisième est la 5e note de la gamme.
Mon quatrième se respire.
Mon tout protège du soleil.

Crème solaire (craie - meuh - sol - air).

Mon premier est la 11e lettre de l'alphabet.
Les humains dorment dans mon deuxième.
Mon troisième est le mot « pour » en anglais.
Les oiseaux dorment dans mon quatrième.
Mon tout est un État de l'ouest des États-Unis où se trouvent les célèbres villes de Los Angeles et San Francisco.

Californie (k - lit - for - nid).

Mon premier est la 5e conjonction de coordination.
Mon deuxième est le synonyme du mot « année ».
Mon troisième est un arbuste dont on utilise les rameaux pour décorer les maisons à Noël.
Mon quatrième est une grosse mouche qui fréquente les troupeaux de vaches.
Mon tout est un grand singe qui vit en Indonésie.

Orang-outan (or - an - houx - taon).

Mal chaussé

Une maman demande à sa fille d'aller chez le boucher pour voir s'il lui reste des pieds de cochon. La fillette revient au bout d'une demi-heure : « Maman, je n'ai pas pu voir si le boucher avait des pieds de cochon, il portait des chaussures ! »

Démangeaisons

Maman kangourou se gratte frénétiquement le ventre.
« Pourquoi te grattes-tu comme ça ? demande papa kangourou.
- Si tu arrêtais de donner des céréales au petit, ça irait mieux ! »

La folie des prix

Dans une boutique, Léa s'arrête devant les foulards en soie :
« Combien coûte celui-là ?
- 80 euros, lui répond la commerçante.
- Mais c'est le prix d'un beau pantalon !
- Oui, mais avouez que vous auriez l'air ridicule avec un pantalon autour du cou, même très beau ! »

En miroir

Une voyante en appelle une autre :
« Bonjour ! Je suis bien contente pour vous, vous allez bien.
Et moi-même ? »

La pêche est bonne ?

C'est l'hiver et Louis décide d'aller pêcher. Il fait un trou dans la glace et s'installe sur un tabouret pliant. Tout à coup, il entend :

« Il n'y a pas de poissons ici !

- Mais qui parle ?
- Le directeur de la patinoire ! »

Lit d'œuf

Madame Coq et monsieur Poule voient des coquetiers dans une vitrine : « Ils ont de très jolis berceaux ici ! »

Coup de filet

Un fermier se rend compte qu'un renard lui a mangé des poules. Il prend alors le train pour se rendre en ville et acheter un piège :

« Quelle taille de piège voulez-vous ?

- Le plus gros possible, mais faites vite, il faut que j'attrape un train.

- Si c'est pour un train, je n'ai pas de piège aussi gros ! »

Un point, c'est tout !

Une virgule dit à un point : « Arrête de me couper la parole, ou je vais finir par te mettre entre parenthèses ! »

Énigmes malignes

Voici venu le moment de te creuser la tête. Lis soigneusement chaque texte car, parfois, il suffit d'un seul mot pour tout changer...

Pendant la récréation, Jérémie dit à Dino : « C'est bon, tu peux me donner ta voiture de course, j'ai glissé l'autocollant de ton footballeur préféré dans ton livre de géographie, entre la page 21 et la page 22. » Mais Iris, ayant surpris leur conversation, s'exclame : « Ne lui donne pas ta voiture, Dino, il ment ! » Pourquoi dit-elle cela ?

Dans un livre, les pages impaires (comme la page 21) sont toujours placées à droite, et les pages paires (comme la page 22) sont toujours à gauche. En d'autres termes, la page 22 est le verso de la page 21 : il est donc impossible de glisser quoi que ce soit entre les deux !

Pour son anniversaire, le père de Julien lui a acheté un billet pour aller voir un match de foot, ainsi qu'une casquette pour faire patienter le garçon jusqu'à cette date. Au total, il a dépensé 60 euros. Sachant que le billet a coûté 50 euros de plus que la casquette, combien la casquette et le billet valent-ils ?

On appelle « x » la valeur de la casquette. La valeur du billet est donc égale à : x + 50 (puisque le billet vaut 50 euros de plus que la casquette). Le tout (casquette + billet) est égal à 60 euros. On peut donc poser l'équation suivante : $x + (x+50) = 60$

$\rightarrow x + x + 50 = 60$

$\rightarrow x + x = 60 - 50$

$\rightarrow 2x = 10$

$\rightarrow x = 10/2$

$\rightarrow x = 5$

La casquette vaut donc 5 euros et le billet 55 (5 + 50) euros.

Nathalie possède une montre qu'elle doit remonter régulièrement afin de la faire fonctionner. S'il est midi et qu'elle remonte sa montre en inversant la position de la grande aiguille et celle de la petite aiguille, quelle heure pourra-t-elle alors lire ?

Si tu as bien lu le texte, tu as vu qu'il était midi quand Nathalie remonte sa montre. À cette heure-là, les deux aiguilles sont exactement l'une sur l'autre : que Nathalie inverse ou non leur position, sa montre indique toujours midi !

La classe des CE2 est partie en classe verte. Julien et Johan partagent la même chambre :
« Si tu me donnes un slip, dit Johan, j'en aurai deux fois plus que toi.
- Et si c'est toi qui m'en prêtes un, répond Julien, on en aura le même nombre. »
Combien de slips les mamans de Julien et de Johan ont-elles rangés dans la valise de leur fils ?

Il y a 7 slips dans la valise de Johan et 5 dans celle de Julien. En effet, si Julien donne un slip à Johan, il en aura alors 4 (5 – 1 = 4), et Johan en aura 8 (7 + 1 = 8), ce qui est bien le double de 4. À l'inverse, si Johan prête un slip à Julien, il n'en aura alors plus que 6 (7 – 1 = 6) et Julien en aura le même nombre que lui (5 + 1 = 6).

Olivier et Tristan sortent du cours de mathématiques, durant lequel la maîtresse a rendu les copies du dernier contrôle. Olivier propose un marché à son copain :

« Je vais écrire sur un bout de papier ta note exacte. Si j'ai raison, tu me donnes un euro. Si j'ai tort, c'est moi qui te donne un euro. »

Tristan accepte le marché : Olivier n'était pas du tout à côté de lui quand il a reçu sa copie. Impossible, donc, qu'il ait vu sa note.

Olivier écrit la note de Tristan sur un papier et lui tend. Tristan regarde, lui dit qu'il exagère, et lui donne un euro. Qu'est-ce qu'Olivier a bien pu écrire ?

Olivier a écrit « ta note exacte ». Après tout, il n'avait rien promis d'autre !

Cet été, Émilie s'est inscrite dans un club de voile. Elle aimerait beaucoup se faire des amis. Dans son groupe, il y a notamment deux filles, Rosalie et Stéphanie, avec qui elle voudrait sympathiser. Mais elle se demande si celles-ci ne lui racontent pas des bêtises. En effet, Rosalie et Stéphanie affirment qu'elles sont nées le même jour, à une minute près, et qu'elles ont les mêmes parents. Pourtant, elles disent qu'elles ne sont pas jumelles !

Comment est-ce possible ?

Rosalie et Stéphanie ne sont pas jumelles parce qu'elles font partie d'un groupe de triplés : elles ont un frère ou une autre sœur !

C'est la rentrée des classes, et Célia est toute fière de raconter ses vacances à sa copine Irène : « C'était génial les États-Unis ! Là-bas, il y a plein de gratte-ciel et de parcs d'attractions. À Washington, j'ai appris à faire du surf, les vagues étaient géantes ! J'ai mangé des hamburgers tous les jours... »
Mais Irène hausse les épaules, tourne le dos à Célia, et s'en va.
Pourquoi ?

Irène sait que Célia raconte des bêtises : personne n'a jamais vu la mer à Washington !

Pour soigner son hamster malade, Pascal doit lui donner au total trois gouttes d'un médicament aux plantes, prescrit par le vétérinaire, à raison d'une goutte toutes les 30 minutes. Au bout de combien de temps Pascal aura-t-il terminé d'administrer le traitement à son animal ?

Au bout de 60 minutes : Pascal lui donne la première goutte tout de suite, la deuxième 30 minutes après, et la dernière 60 minutes après.

Julie, Kévin, Victor et Léa participent à une course. Dans quel ordre sont-ils arrivés si le premier n'est pas un garçon, et si Victor court plus vite que Julie mais moins rapidement que Kévin ?

L'ordre d'arrivée est : Léa, Kévin, Victor et enfin Julie. En effet, on sait que c'est une fille qui a gagné, donc Léa ou Julie. Mais on sait par ailleurs que Victor court plus vite que Julie : c'est donc Léa qui est arrivée en premier. Il est ensuite facile de classer les trois suivants.

Des restes

La maman de Sacha est en colère contre lui :
« Je vois que tu ne t'es pas lavé le visage ce matin. La preuve : je sais ce que tu as mangé au petit déjeuner, c'était un œuf !
- Raté, l'œuf c'était hier matin ! »

La fuite des voisins

Le père de Julie se vante :
« Cela fait six ans que j'oblige ma fille à apprendre le violon.
- Et alors, ça porte ses fruits ?
- Ah oui ! J'ai réussi à racheter les quatre maisons voisines pour une bouchée de pain ! »

Histoire d'eau

Deux enfants discutent pendant la récréation :

« Maman m'a donné de l'argent liquide.

- Ah bon, et tu as un porte-monnaie imperméable ? »

Comédie

Céleste rentre de son cours de gymnastique avec le coude blessé :

« Pauvre chérie, tu as dû beaucoup pleurer, dit sa maman.

- Non, même pas, j'étais toute seule… »

Quatre saisons

Maëlys est très fière d'elle, elle vient de trouver un slogan publicitaire pour son nouveau travail de livreuse de pizzas à domicile : « Si vous aimez manger le fromage sur la pizza, appelez-nous ! Mais si vous préférez le fromage collé sur le couvercle, allez voir nos concurrents ! »

Une rencontre calculée

Deux amis se saluent dans la rue :
« Quoi de neuf ?
- La moitié de dix-huit ! »

Charmante découverte

« Mais qu'est-ce que c'est que ça ? demande Valentin à sa mère, horrifié, en découvrant un squelette dans un placard.

- C'est quelqu'un qui a joué à cache-cache et qui a gagné ! »

Mieux vaut tenir...

Deux escargots se promènent dans la forêt :

« Et si on allait chercher des framboises ?

- Mais c'est l'hiver !

- Je sais, mais le temps qu'on arrive, elles seront mûres... »

Le dernier mot de Toto

Qui ne connaît pas les blagues de Toto ?

Avec lui, impossible
de ne pas
s'amuser :

il a toujours
le dernier mot
pour rire !

Toto, quelle différence y a-t-il entre une cravate et moi ?
Toto répond : une cravate ça serre le cou, alors que toi tu sers… à rien.

Toto, sais-tu ce que sent un pet de clown ?
Toto répond : ça sent… drôle !

Toto, pourquoi les trains électriques roulent-ils plus vite que les trains à vapeur ?
Toto répond : parce qu'ils ont arrêté de… fumer.

Toto, sais-tu ce que disent les nuages quand ils ont une petite envie ?
Toto répond : ils disent « Je vais faire… pluie-pluie ».

Toto, comment expliques-tu que tu as fait vingt fautes à ta dictée, exactement comme ton voisin ?

Toto répond : c'est parce que nous avons le même… professeur !

Toto, sais-tu pourquoi il est inutile de publier une petite annonce quand on a perdu son chien ?

Toto répond : parce qu'un chien ne sait pas… lire.

Toto, crois-tu qu'il y a des habitants sur la Lune ?

Toto répond : bien sûr que oui ! La preuve, tous les soirs, il y a de la… lumière !

Toto, si un morceau de sucre tombe amoureux d'une petite cuillère, où va-t-il lui donner rendez-vous ?
Toto répond : dans un… café.

Toto, moi, je travaille dans un bureau !
Toto répond : dans quel… tiroir ?

Toto, quelle est la capitale de la Malissi ?
Toto répond : c'est… Jébobola.

Lundi matin, la maîtresse demande à Toto :
« Par quelle lettre commence "hier" ? »
Toto répond : par un « d », parce qu'hier… c'était dimanche.

Toto, qu'est-ce qui monte et descend en même temps ?
Toto répond : c'est... un escalier.

Toto, qu'est-ce qu'un Schtroumpf vert ?
Toto répond : c'est un Schtroumpf qui a la... jaunisse !

Toto, peux-tu conjuguer le verbe « voler » au futur ?
Toto répond : je... vais en prison.

Toto, que fais-tu avec cette passoire ?
Toto répond : je passe... le temps.

Toto, si ton grand frère joue du violon, ta sœur du trombone et ton petit frère du tambour, que dois-tu apprendre ?
Toto répond : je dois apprendre à… me boucher les oreilles.

Toto, quelle est la différence entre une grenouille et moi ?
Toto répond : les trois lettres… GRE (toi, tu es seulement une nouille !).

Toto, as-tu écrit au Père Noël cette année ?
Toto répond : oui, et je lui ai demandé… de passer plus souvent !

Toto, pourquoi ai-je si mal au ventre quand je mange des huîtres ?
Toto répond : c'est simple… ouvre-les !

Toto, pourquoi les bananes sont-elles tordues ?
Toto répond : c'est pour rentrer… dans les pelures.

Toto, quel est le point commun entre un gendarme et une Cocotte-Minute ?
Toto répond : quand ils sifflent… c'est cuit !

Toto, comment appelle-t-on un habitant de l'Écosse ?
Toto répond : on l'appelle un… petit pois.

Toto, que se disent deux boissons qui discutent au téléphone ?
Toto répond : Allô… Rangeade ? Ici… Tronade !

Toto, connais-tu la différence entre un pot de chambre et une casserole ?
Toto répond : si toi tu ne le sais pas… je n'irai plus dîner chez toi !

Toto, dans la phrase « Le voleur a volé une voiture », où est le sujet ?
Toto répond : il est… en prison.

Toto, tu as encore ouvert la porte avec tes doigts tout sales ?
Toto répond : ça n'est pas moi, moi j'ouvre la porte avec… mes pieds.

Toto, que répond un petit kangourou à son père qui lui demande comment s'est passé son examen ?
Toto répond : pas de problème… c'est dans la poche !

Toto, que se passe-t-il si tu arrives en retard à un dîner de végétariens ?
Toto répond : le dîner va… faner.

Toto, comment appelle-t-on
un parachutiste distrait ?
Toto répond : c'est un… trou dans le sol.

Toto, tu connais l'histoire du petit café ?
Toto répond : oui, c'est le petit qu'a fait…
dans sa culotte !

Toto, que doit dire un
photographe à des vaches ?
Toto répond : attention
mesdames… ne bousons plus !

Toto, comment se tiennent
la France et l'Angleterre ?
Toto répond : elles se tiennent…
par la Manche.

À votre bon cœur !

Un Martien vient d'arriver sur Terre. Voyant un mendiant à la sortie d'une bouche de métro, il s'installe près de lui et crie aux passants :
« Allez, pensez aussi à ma petite soucoupe ! »

Et mon dentier ?

Alors que grand-mère s'est déjà mise au lit, grand-père traîne dans la salle de bains :
« Mais que fais-tu ? lui demande-t-elle.
- Je brosse mes dents.
- Peux-tu aussi t'occuper des miennes ? »

Retour incertain

Un jeune asticot attend son papa pour aller au manège. Impatient, il demande à sa maman :

« Est-ce que papa va bientôt rentrer ?

- Je ne sais pas, mon chéri, il est à la pêche… »

Coup de frein

Un policier siffle un automobiliste un peu pressé :
« Je n'ai pas dépassé la limite autorisée, monsieur l'agent ! Alors, qu'ai-je donc fait ?
- Rien, mais je viens juste de commander la même voiture, et je voulais vérifier qu'elle freinait bien ! »

Tea party

Une sauterelle et un mille-pattes ont rendez-vous dans un salon de thé. La sauterelle a déjà fini sa tasse quand le mille-pattes arrive enfin.

« Mais que faisais-tu, j'allais partir ! dit la sauterelle.

- Excuse-moi, mais il y avait un panneau "Essuyez-vous les pieds avant d'entrer" ! »

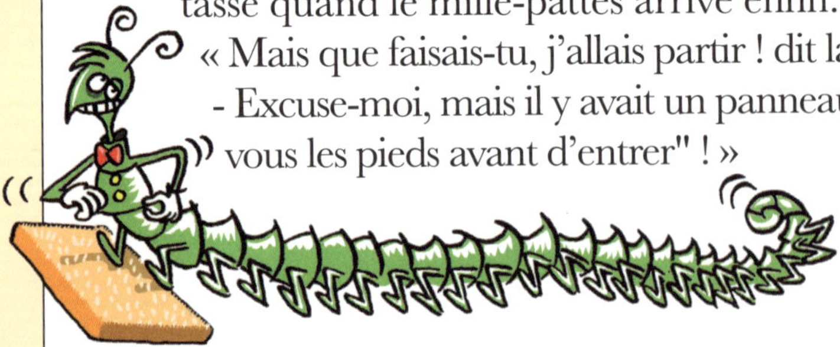

Le cancre

« Maman, j'ai appris plein de choses à l'école aujourd'hui.

- Tant mieux, mon chéri !

- Donc c'est bon, je n'ai pas besoin d'y retourner demain ? »

Traitement de choc

Un monsieur entre dans une pharmacie : « Bonjour, auriez-vous un remède pour un hoquet très sérieux ? »
Le pharmacien lui lance un seau d'eau sur la tête et lui donne deux grosses claques.

« Vous voyez, rien de tel qu'une bonne peur pour faire passer le hoquet !

- Oui, mais c'est ma femme qui a le hoquet ! »

À la bonne heure

Un serpent rencontre un autre serpent et lui demande :
« Quelle heure reptile, s'il te plaît ? »

DRÔLES DE CALCULS !

Les chiffres ne servent pas seulement à compter. Ils peuvent aussi parfois nous faire rire !

Si 6 scies scient 6 saucissons secs, combien de saucissons secs 606 scies scient ?

606.

Que s'est-il passé en 1111 ?

L'invasion des Huns (des 1).

Dans la famille Férant, les fils ne se ressemblent pas. Combien sont-ils ?

Ils sont 10 Férant (différents).

J'ai 3 jambes, 5 têtes, 100 doigts et 18 yeux. Qui suis-je ?

Un menteur !

Combien font 3 et 3 ?

Match nul.

Sur une planète lointaine, il y a 10 maisons renfermant chacune 10 mauvais. Combien y a-t-il de mauvais en tout ?

100 mauvais (sent mauvais).

Dans la famille Trouille, combien y a-t-il d'enfants ?

6 Trouille (citrouille).

Si une crème au caramel coûte 6 euros, combien coûte une crème renversée ?

9 euros.

Quelles sont les villes de France où l'on connaît le mieux les mathématiques ?

Sète, Troyes et Foix (7, 3 et X).

Quel oiseau sait compter jusqu'à 12 ?

Le coucou d'une horloge.

Combien de balles y a-t-il dans un orchestre ?

5 balles (cymbale).

Qu'est-ce qui est plus grave que de perdre un million ?

Perdre un lion entier !

Comment fait-on pour répartir 5 patates entre 6 personnes ?

On fait une purée !

Combien existe-t-il de sortes de poissons ?

Il y en a 3 : les petits, les moyens et les grands !

Un canard a pondu 3 œufs. Tu en casses un. Combien t'en reste-t-il ?

Aucun : un canard ne pond pas d'œufs !

Quelle heure est-il quand une horloge sonne 13 coups ?

L'heure de la réparer !

Un homme sur une branche, qu'est-ce que ça fait ?

Un homme de moins sur terre.

Et 2 hommes sur une branche ?

Un homme de plus sur la branche !

Et 3 hommes sur une branche ?

Ça fait crac !

Quelle est la différence entre la saucisse de Lyon et la saucisse de Toulouse ?

360 kilomètres.

Combien de cartes faut-il pour servir le thé à 8 personnes ?

8 as (8 tasses).

Dans mon jardin, il tombe deux fois plus de neige que dans celui de mon voisin. Pourquoi ?

Parce qu'il est deux fois plus grand !

Faut-il dire que 6 + 7 font « t'onze », « onze » ou « z'onze » ?

Aucun des trois : 6 + 7 font treize !

Quel est le point commun entre un professeur et un thermomètre ?

On tremble quand ils marquent zéro !

Si c'est très étroit, cela fait combien ?

29, parce que 6, 7, 13 et 3 = 29.

Quelle est la différence entre un rhinocéros et un mille-pattes ?

996 pattes !

Lorsqu'une voiture de formule 1 prend un virage à gauche à 220 km/h, quelle roue tourne le moins vite ?

La roue de secours !

Si j'écris « 7 192 poule », ai-je fait une faute d'accord ?

Non, car c'est un œuf de poule (sept - un - neuf - deux - poule).

Que font 3 poules sur un mur ?

Un nombre impair.

Pourquoi un bonbon s'appelle-t-il comme ça ?

Parce qu'il est doublement bon !

Que s'est-il passé le 1er janvier 1799 ?

Le Nouvel An.

Quelle est la ville française des travailleurs infatigables ?

Sète, car on y travaille sept jours sur sept (sur Sète) !

Un homme a 10 fils. Chaque fils a une sœur. Combien cet homme a-t-il d'enfants ?

Il en a 11, car ses fils partagent la même sœur.

Quel mot français a le plus de « i » ?

Simili (6 000 « i »).

Un homme laisse son chien au pied d'une tour et monte au 16e étage. Qui est le plus haut ?

Son chien, parce qu'il est assis sans maître (à 600 mètres).

J'ai 6 nez, 2 bouches, 4 yeux et 5 oreilles. Que suis-je ?

Horrible !

Quelle est la fin de ce dicton :
« Qui vole un œuf… » ?

… va en prison le 10 !

Il est 24e mais, pourtant, il vaut 10. Qui est-ce ?

Le « X ».

Un fermier a 19 vaches. Elles meurent toutes, sauf 6. Combien lui en reste-t-il ?

6 (et non 13).

Monsieur et madame Imaitre ont un fils. Comment s'appelle-t-il ?

Vincent (20 centimètres).

Combien de petits pois peuvent entrer dans une bouteille d'un litre ?

Aucun n'y entrera tout seul : ce sera à toi de les mettre !

Lorsqu'on est fatigué, quels habits faut-il sortir de son armoire pour se remettre en forme ?

5 chemises, car cela fait 10 manches et le dimanche, on se repose !

Comment comptait-on à l'époque de l'Égypte antique ?

Unx, deux, troix, quatrx, sphinx, six…

Quel mois a 28 jours ?

Tous les mois ont au moins 28 jours !

Quel chiffre peut-on boire ?

Le 20 (le vin).

Erreur de casting

Au théâtre, un homme demande deux places :

« Pour *Roméo et Juliette* ? lui demande le guichetier.

- Mais non enfin, pour ma femme et moi ! »

La bonne taille

Une femme entre dans une boutique de chaussures :

« Bonjour, je voudrais un modèle sans talons, bien plat.

- Et c'est pour porter avec quoi ?

- Un mari très petit ! »

Mauvais moment

Un gangster est poursuivi par des policiers sur le toit d'un immeuble. Soudain, il glisse et tombe dans le vide. Il s'écrie alors :
« S'il vous plaît, arrêtez-moi ! »

Cause perdue

Depuis cinq minutes, Clémence réclame de l'argent à son papa :
« Mais enfin, pour quoi faire ?
- Pour donner à une vieille dame, là-bas.
- D'accord alors, c'est bien de vouloir aider. Et où est-elle, cette dame âgée ?
- Au coin de la rue, elle vend des glaces… »

Histoire courte

Éliot est rêveur :
« J'aurais bien voulu vivre à l'époque du Moyen Âge.
- Pourquoi ? lui répond son frère.
- Parce que j'aurais eu bien moins d'histoire à apprendre ! »

Pas de solution

Claire demande à Sébastien :
« Qu'est-ce que tu détestes le plus à l'école ?
- Les mathématiques, parce que ça me pose toujours problème ! »

Le petit truc en plus

Au cirque, un dompteur présente un numéro incroyable : un cheval qui joue de la guitare pendant qu'un âne chante en anglais. Un journaliste l'interroge :

« C'est inouï ! Mais c'est truqué, non ?

- Un peu, oui. En fait, l'âne ne sait pas chanter, c'est le cheval qui est ventriloque. »

Bonne note

« Maman, maman, j'ai eu 10 à mon contrôle !
- C'est très bien, et c'était un contrôle de quoi ?
- De la vue, pendant la visite médicale… »

TOC ! TOC ! TOC !

Pour ce jeu, tu dois faire participer l'un de tes amis. Pour qu'il comprenne ce qu'il doit faire, explique-lui une première fois avec l'exemple ci-dessous :

Tu dis : Toc ! Toc ! Toc !

Ton copain doit répondre : Qui est là ?

Tu cites alors un prénom : Mehdi.

Ton copain doit ensuite demander :
Mehdi qui ?
Tu annonces : Mehdi Terranée
(Méditerranée) !

Et maintenant, amusez-vous
avec les devinettes suivantes...

- Toc ! Toc ! Toc !
- Qui est là ?
- Ali.
- Ali qui ?
- Ali Mantation.

(alimentation)

- Toc ! Toc ! Toc !
- Qui est là ?
- Thérèse.
- Thérèse qui ?
- Thérèse Plendissante.

(t'es resplendissante)

- Toc ! Toc ! Toc !
- Qui est là ?
- Amédée.
- Amédée qui ?
- Amédée Sonkassé.

(ah, mes dés sont cassés !)

- Toc ! Toc ! Toc !
- Qui est là ?
- Érika.
- Érika qui ?
- Érika Toufaut.

(Éric a tout faux)

- Toc ! Toc ! Toc !
- Qui est là ?
- Éléonore.
- Éléonore qui ?
- Éléonore Macheine.

(elle est en or ma chaîne)

- Toc ! Toc ! Toc !
- Qui est là ?
- Lydie.
- Lydie qui ?
- Lydie Ote.

(l'idiote)

- Toc ! Toc ! Toc !
- Qui est là ?
- Jeanne.
- Jeanne qui ?
- Jeanne Holapin.

(Jeannot lapin)

- Toc ! Toc ! Toc !
- Qui est là ?
- Jamila.
- Jamila qui ?
- Jamila Table.

(j'ai mis la table)

- Toc ! Toc ! Toc !
- Qui est là ?
- Denis.
- Denis qui ?
- Denis Gokiri.

(deux nigauds qui rient)

- Toc ! Toc ! Toc !
- Qui est là ?
- Hélène.
- Hélène qui ?
- Hélène Ulanmatte.

(elle est nulle en maths)

- Toc ! Toc ! Toc !
- Qui est là ?
- Hilary.
- Hilary qui ?
- Hilary Varien.

(il arrive à rien)

- Toc ! Toc ! Toc !
- Qui est là ?
- Jean.
- Jean qui ?
- Jean Sèrien.

(j'en sais rien)

- Toc ! Toc ! Toc !
- Qui est là ?
- Ella et Nadège.
- Ella et Nadège qui ?
- Ella Nadège Avudotre.

(elle en a déjà vu d'autres)

- Toc ! Toc ! Toc !
- Qui est là ?
- René.
- René qui ?
- René Sence.

(Renaissance)

- Toc ! Toc ! Toc !
- Qui est là ?
- Macha.
- Macha qui ?
- Macha Rantèse.

(ma charentaise)

- Toc ! Toc ! Toc !
- Qui est là ?
- Yves.
- Yves qui ?
- Yves Omieupa.

(il vaut mieux pas)

- Toc ! Toc ! Toc !
- Qui est là ?
- Roméo.
- Roméo qui ?
- Roméo Landemin.

(remets au lendemain)

- Toc ! Toc ! Toc !
- Qui est là ?
- Lalie.
- Lalie qui ?
- Lalie Masse.

(la limace)

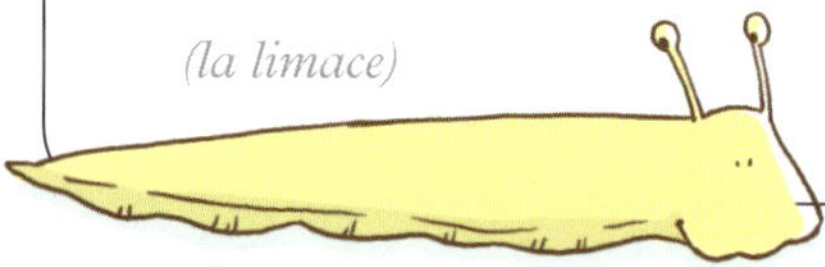

- Toc ! Toc ! Toc !
- Qui est là ?
- Dave.
- Dave qui ?
- Dave Itamine.

(des vitamines)

- Toc ! Toc ! Toc !
- Qui est là ?
- Cécile.
- Cécile qui ?
- Cécile Houin.

(c'est si loin)

- Toc ! Toc ! Toc !
- Qui est là ?
- Magali.
- Magali qui ?
- Magali Pètèréussi.

(ma galipette est réussie)

- Toc ! Toc ! Toc !
- Qui est là ?
- Khaled.
- Khaled qui ?
- Khaled Gemenoi.

(à l'aide, je me noie !)

- Toc ! Toc ! Toc !
- Qui est là ?
- Jacques.
- Jacques qui ?
- Jacques Kadi.

(Jacques a dit)

- Toc ! Toc ! Toc !
- Qui est là ?
- Mylène.
- Mylène qui ?
- Mylène Micauton.

(mi-laine, mi-coton)

- Toc ! Toc ! Toc !
- Qui est là ?
- Douglas.
- Douglas qui ?
- Douglas Alavanille.

(deux glaces à la vanille)

- Toc ! Toc ! Toc !
- Qui est là ?
- Pascal.
- Pascal qui ?
- Pascal Kulle.

(pas ce calcul)

- Toc ! Toc ! Toc !
- Qui est là ?
- Hélène.
- Hélène qui ?
- Hélène Haihissi.

(elle est née ici)

- Toc ! Toc ! Toc !
- Qui est là ?
- Yvon.
- Yvon qui ?
- Yvon Pabien.

(ils vont pas bien)

- Toc ! Toc ! Toc !
- Qui est là ?
- Thérèse.
- Thérèse qui ?
- Thérèse Pecté.

(t'es respecté)

- Toc ! Toc ! Toc !
- Qui est là ?
- Max.
- Max qui ?
- Max Immum.

(maximum)

- Toc ! Toc ! Toc !
- Qui est là ?
- Vincent.
- Vincent qui ?
- Vincent Praivenir.

(vint sans prévenir)

- Toc ! Toc ! Toc !
- Qui est là ?
- Paule.
- Paule qui ?
- Paule Nort.

(pôle Nord)

- Toc ! Toc ! Toc !
- Qui est là ?
- Ella.
- Ella qui ?
- Ella Dorléblagues.

(elle adore les blagues)

- Toc ! Toc ! Toc !
- Qui est là ?
- Jean.
- Jean qui ?
- Jean Revienpat.

(j'en reviens pas)

- Toc ! Toc ! Toc !
- Qui est là ?
- Abel.
- Abel qui ?
- Abel Auboidormen.

(la Belle au bois dormant)

- Toc ! Toc ! Toc !
- Qui est là ?
- Alice.
- Alice qui ?
- Alice Toirdraule.

(ah, l'histoire drôle !)

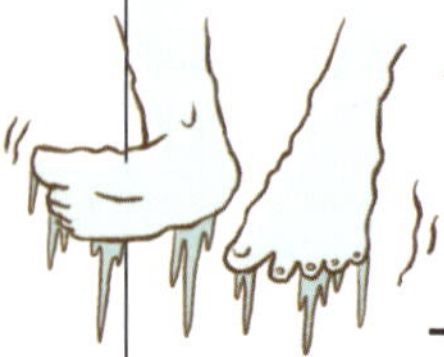

- Toc ! Toc ! Toc !
- Qui est là ?
- Geoffroy.
- Geoffroy qui ?
- Geoffroy Aupié.

(j'ai froid aux pieds)

- Toc ! Toc ! Toc !
- Qui est là ?
- Nadège.
- Nadège qui ?
- Nadège Havussa.

(on a déjà vu ça)

- Toc ! Toc ! Toc !
- Qui est là ?
- Lydie.
- Lydie qui ?
- Lydie Pacétunsecrè.

(lui dis pas, c'est un secret)

- Toc ! Toc ! Toc !
- Qui est là ?
- Nordine.
- Nordine qui ?
- Nordine Ateur.

(un ordinateur)

- Toc ! Toc ! Toc !
- Qui est là ?
- Ève.
- Ève qui ?
- Ève Oulèhentré.

(elle voulait entrer)

- Toc ! Toc ! Toc !
- Qui est là ?
- Sacha.
- Sacha qui ?
- Sacha Henge.

(ça change)

- Toc ! Toc ! Toc !
- Qui est là ?
- Tina.
- Tina qui ?
- Tina Papostélacarte.

(tu n'as pas posté la carte)

- Toc ! Toc ! Toc !
- Qui est là ?
- Édouard.
- Édouard qui ?
- Édouard Heuvenir.

(elle doit revenir)

- Toc ! Toc ! Toc !
- Qui est là ?
- Éléonore.
- Éléonore qui ?
- Éléonore Delion.

(elle est au nord de Lyon)

Belle plante

Éva, désespérée, se confie à sa copine Lucie :
« À tous nos rendez-vous, il m'offre des fleurs. C'est gentil, certes, mais elles sont toujours fanées !
- Eh bien, essaie d'arriver à l'heure la prochaine fois ! »

Tôle froissée

« Qu'est-ce que tu as trouvé le plus dur quand tu as appris à conduire ? demande Ismaël à Étienne.
- Les murs et les troncs d'arbres ! »

Temps record

Un homme se présente au guichet de la gare :

« Bonjour, combien de temps met le train pour faire le trajet Guingamp-Paris ?

- Une petite minute, monsieur ! répond le guichetier, occupé.

- Je vous remercie. »

Bon choix

La tante de Rose lui demande :
« Quel cours préfères-tu à l'école ?
- La cour de récréation ! »

Vous êtes sûr ?

Au restaurant, un client commande du hachis parmentier :
« Ah, vous n'avez pas de chance, dit le serveur.
- Pourquoi, vous n'en avez plus ?
- Si, justement ! »

Mauvaise joueuse

Nadia joue aux cartes avec son cousin :
« Tu triches, lui dit Nathan.
- Oui, et alors ?
- Tu sais ce qui arrive aux tricheuses ?
- Oui, elles gagnent ! »

Erreur sur la personne

« Tu vois cet homme-là ? dit Adrien.
Il fait des dizaines d'opérations par jour.

- Ah bon, il est chirurgien ?
- Non, il est comptable ! »

Douteux

Le professeur dit à ses élèves :
« Il n'y a que les imbéciles qui sont toujours sûrs d'eux.
- Vous en êtes certain ? »

Monstres et Cie

Ils nous font peur tous ces monstres, avec leurs grandes dents et leur nez crochu, mais on adore frissonner avec eux !

Comment s'appelle un professeur vampire ?

C'est un ensaignant.

Quelle est la fée la plus méchante ?

La fée Sé (fessée).

Que dit un vampire en quittant sa dernière victime ?

Il dit : « Merci, beau cou ! »

Monsieur et madame Tôme ont une fille. Comment s'appelle-t-elle ?

Fanfan Tôme.

Pourquoi les mamans vampires interdisent-elles à leur bébé de sucer son pouce ?

Parce qu'il pourrait se blesser.

Monsieur et madame Pire ont un fils. Comment s'appelle-t-il ?

Yvan Pire.

Quel est le plat préféré des vampires ?

Le croque-monsieur.

Monsieur et madame Trouille ont une fille. Comment s'appelle-t-elle ?

Sissi Trouille.

Que se passe-t-il quand un petit vampire perd une dent ?

Il la met sous son oreiller pour que la petite chauve-souris lui fasse un cadeau.

Comment doit-on s'adresser au comte Dracula ?

On doit lui dire : « Mon saigneur ! »

Pourquoi les squelettes aiment-ils qu'on leur raconte des blagues ?

Parce qu'ils adorent être morts de rire.

Que fait un démon quand il explique quelque chose ?

Une démon-stration.

Monsieur et madame Trident ont un fils. Comment s'appelle-t-il ?

Chris (cri strident).

Quel est le nombre préféré des vampires ?

109 (sang neuf).

Où les fantômes aiment-ils passer leurs vacances ?

Au bord de la mer Morte.

Monsieur et madame Aizéspoir ont une fille. Comment s'appelle-t-elle ?

Aude (au désespoir).

Quel est le comble du mauvais goût pour un fantôme ?

C'est de faire des blagues de mauvais esprit !

Comment sait-on qu'un vampire nous aime ?

Il nous saute au cou !

Quelle est la fée préférée des filles coquettes ?

La fée Minine (féminine).

Comment un monstre fait-il pour compter jusqu'à 28 ?

Il compte sur ses doigts.

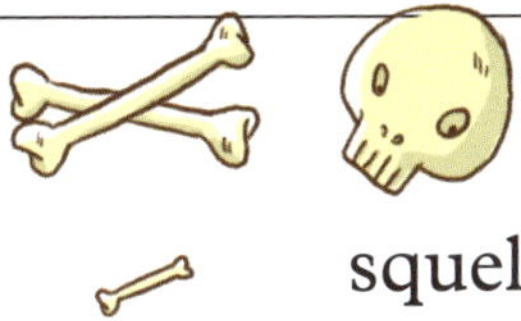

Comment appelle-t-on deux squelettes bavards ?

Des os parleurs (haut-parleurs).

Que fait Dracula en se levant le matin ?

Il lit son horreurscope.

Comment appelle-t-on la trousse à pharmacie d'un monstre qui aime se battre ?

La caverne d'Ali Bobo.

Comment reconnaît-on des vampires jumeaux ?

Ils se ressemblent comme deux gouttes de sang.

Que dit un fantôme quand sa maman voit qu'il a fait une bêtise ?

Oh la la, je suis dans de beaux draps !

À quoi reconnaît-on le balai d'une sorcière ?

Il ne mord jamais la poussière.

Quelle différence y a-t-il entre un train et un fantôme ?

Un train c'est un convoi, et un fantôme c'est un qu'on voit pas.

Monsieur et madame Dénoir ont une fille. Comment s'appelle-t-elle ?

Daisy (des idées noires).

Pourquoi les vampires votent-ils toujours à l'unanimité ?

Parce que pour eux, c'est important d'être sang pour sang d'accord.

Comment les vampires aiment-ils manger leur steak ?

Saignant, évidemment !

Quelle est la question à ne jamais poser à un vampire ?

Tu veux un p'tit coup de rouge ?

Qu'est-ce qu'il y a de pire qu'un fantôme ?

Deux fantômes !

Monsieur et madame Dessan ont deux filles. Comment s'appellent-elles ?

Anna Lise (analyse de sang).

Quel est le plus beau compliment que Dracula puisse faire à une fille ?

Tu es à croquer !

Que dois-tu faire si tu rencontres un monstre tout vert ?

Attendre qu'il mûrisse.

De quel pays viennent les fées les plus puissantes ?

De Chine, parce qu'elles ont deux baguettes.

De quoi un vampire a-t-il le plus peur ?

De perdre son sang-froid.

Quand un Martien ne prend-il pas sa soucoupe pour aller travailler ?

Quand il ne se sent pas dans son assiette !

Que fait un fantôme quand il neige ?

Il met des chaînes.

Quel est le bateau préféré des vampires ?

Le vaisseau sanguin.

Quelle est la fée la plus paresseuse ?

La fée Néante (fainéante).

Monsieur et madame Monde ont une fille. Comment s'appelle-t-elle ?

Betty (bête immonde).

Quelle est l'expression préférée des vampires ?

Bon sang !

Que dit une maman fantôme à son fils qui passe par les portes ?

Tu ne peux pas passer à travers les murs, comme le reste de la famille !

Que dit-on d'un vampire qui est très amoureux ?

Qu'il est complètement mordu !

Chatouilles

Morgane voit Guillaume se mettre de l'insecticide sur les jambes. Très étonnée, elle lui demande :
« Mais qu'est-ce que tu fais ?
- J'en ai assez d'avoir des fourmis dans les jambes ! »

Boîte à questions

« Pourquoi tu n'arrêtes pas de me poser des questions ?
demande Christelle, agacée, à Mathilde.
- Hier, à l'école, on a étudié le point d'interrogation.
Il faut bien que je m'entraîne à l'utiliser ! »

Cadeau impossible

« Papa, qu'est-ce que tu voudrais pour ton anniversaire ?

- Des bonnes notes, voilà ce qui me ferait plaisir !

- Zut, c'est dommage, je m'en souviens maintenant : je t'ai déjà acheté une cravate… »

Époque révolue

Une mouche se promène avec sa fille sur le crâne d'un monsieur chauve :
« Tu vois ici, avant,
c'était la jungle ! »

Mes oreilles !

Dans un restaurant, un homme va voir le chef des musiciens :
« Votre orchestre sait-il jouer n'importe quoi ?
- Mais certainement monsieur, que désirez-vous ?
- Que vous alliez jouer aux dominos ! »

Drôle de remède

Un médecin parle de l'un de ses patients :
« Figurez-vous que je lui ai conseillé de prendre quelque chose de chaud, et il est parti avec mon manteau ! »

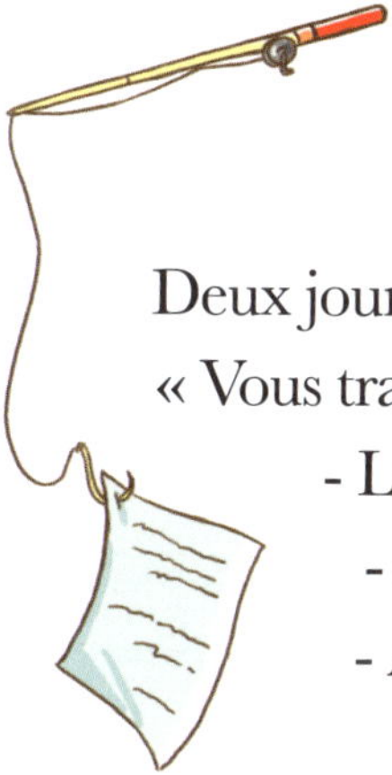

Ça mord ?

Deux journalistes discutent :
« Vous travaillez pour quelle rubrique ?
- La pêche.
- Et on vous paie comment ?
- À la ligne. »

Farceur

Un directeur dit à son employé :
« Dès demain, vous serez augmenté.
- Quelle bonne nouvelle !
- En effet, vous serez deux à faire le travail… »

Lettres enchevêtrées

Dans ce jeu, tu dois deviner une expression d'après la manière dont les mots sont disposés.

Par exemple : N UlAéGa ES

Ici, tu dois deviner l'expression « Léa est dans les nuages » puisque les lettres de « Léa » sont entremêlées à celles du mot « nuages ».

Et maintenant, à toi de jouer !

L pUau NlE

Paul est dans la Lune.

CabL sAenS t S s E

Il y a des absents dans la classe.

Z*li*O*oNS*O

Il y a des lions dans le zoo.

EsVOYPA AGEcE

Un voyage dans l'espace.

SANJAMDW bon ICH

Il y a du jambon dans le sandwich.

CE*JE*TTE *JOUE* ÉQUIPE

Je joue dans cette équipe.

MA *je* CsHA*u*MB *is* RE

Je suis dans ma chambre.

JAR *arbre* DIN

Il y a un arbre au milieu du jardin.

MA CH*CA*AU*ILL*SS*OU*URE

Il y a un caillou dans ma chaussure.

T*I*Ê*DÉ*T*E*E

Une idée dans la tête.

T*L*a*a*iss*T*E

Il y a du lait dans la tasse.

CH*bar*EV*ret*E*te*UX

Une barrette dans les cheveux.

Cé*ca*ré*de*al*au*es

Il y a un cadeau dans les céréales.

GALETTE *fève, fève* GALETTE

Il y a des fèves dans les galettes.

J'AI MA*co*CL*pa*AS*in*SE

J'ai un copain dans ma classe.

T*dr*O*ag*U*on*R

Il y a un dragon dans la tour.

Ce Li*dessins*vr*dessins*E

Il y a des dessins dans ce livre.

MON CAR *mon goûter* TABLE

Mon goûter est dans mon cartable.

VISION VISION VISION VISION VISION
VISION VISION VISION VISION VISION

Division.

TON*fautes*DE*fautes*VO*fautes*IR

Il y a des fautes dans ton devoir.

LE MATIN, JE PRENDS MON *déjeuner*

Le matin, je prends mon petit déjeuner.

MON ***FRÈRE*** ET MA *sœur*

Mon grand frère et ma petite sœur.

FOR *renard* ÊT

Il y a un petit renard dans la forêt.

GIRAFE lion

La girafe est plus grande que le lion.

NOUS *nous restons* NOUS

Nous restons entre nous.

un MOUTONS, *deux* MOUTONS,
trois MOUTONS, *quatre* MOUTONS

Compter les moutons.

Jui*vacances*llet, août

Les vacances commencent en juillet.

MA P*mes*OCH*clé*E*s*

Mes clés sont dans ma poche.

JU*é*IN *t* SEP*é*TEMBRE

L'été commence en juin et finit en septembre.

roue Il roule en *roue*

Il roule en deux-roues.

RpouUbellesE

Les poubelles sont dans la rue.

La ntraceseitracesge

Il y a des traces dans la neige.

jour Vous *jour* partez *jour* quand ? *jour*

Vous partez quand ? Dans quatre jours.

Après un *PLAT*, je veux un dessert

Après un grand plat, je veux un petit dessert.

PAN *tr* TA *ou* LON

Un trou dans le pantalon.

MAIN MAIN

Demain.

L*c*e*hlo*s b*é*r*do*a*rt*s de Jonathan

Chloé dort dans les bras de Jonathan.

MON *Je fais du vélo* QUARTIER

Je fais du vélo dans mon quartier.

BRO*Ê*U*T*I*R*L*E*LARD

Être dans le brouillard.

VI*pied, pied*DE

Les deux pieds dans le vide.

MÉ*Anne*T*Sophie*RO

Anne-Sophie est dans le métro.

P po émpmine

Un pépin dans la pomme.

ÉjoueurQjoueurUjoueurIjoueurPjoueurE
ÉjoueurQjoueurUjoueurIjoueurPjoueurE

Cinq joueurs dans chaque équipe.

L*la*E S*ma*A*in*C

La main dans le sac.

UN J'AI MIS VA *FLEURS*SE

J'ai mis des fleurs dans un vase.

S*par*P*m*A*e*G*san*HETTIS

Il y a du parmesan dans les spaghettis.

sa ta OU n RS ière

L'ours est dans sa tanière.

C*bi*O*sou*U

Un bisou dans le cou.

MON PO*mou*TA*che*GE

Il y a une mouche dans mon potage.

HI*ex*M*cu*AL*r*A*sion*YA

Une excursion dans l'Himalaya.

METTRE V*E*O*SS*I*E*T*N*U *C*R*E*E

Mettre de l'essence dans la voiture.

CH *FRAISE* A *FRAISE* RLOT *FRAISE* TE

Une charlotte aux fraises.

AMIS *nous sommes* AMIS

Nous sommes entre amis.

B
Rester les BRAS
A
S

Rester les bras croisés.

Drôle d'oiseau

Dans une animalerie, Inès demande à un vendeur :
« Excusez-moi, je n'ai pas trouvé de cage-aquarium.
- Une quoi ?
- Une cage-aquarium. C'est pour mettre un poisson volant ! »

Petite maligne

Florence insiste :
« Je préfère que ça soit mamie qui me donne mon sirop !
- Je peux savoir pourquoi ? lui demande sa maman.
- Parce qu'elle, elle tremble ! »

Une bonne trouvaille

Le professeur de chimie explique à ses élèves :
« L'oxygène a été découvert au XVIIIe siècle.
- Mais alors, on faisait comment pour respirer, avant ? »

C'est salé !

Dans un restaurant, le cuisinier discute avec un client :
« Vous savez, ici, les clients se lèchent les doigts.
- Oui, mais ils se les mordent au moment de l'addition ! »

Pourboire

Pour le remercier de l'avoir aidée à porter ses courses, une vieille dame donne 5 euros à Pierre. Voyant qu'il ne répond rien, elle lui demande :
« Alors, qu'est-ce qu'on dit ?
- Euh… C'est tout ? »

Mauvaise position

Un entraîneur de football dit à l'un de ses joueurs :
« Ce soir, pour le match amical, tu vas jouer avant.
- Oh non ! Moi je veux jouer avec les autres ! »

Complètement K.-O.

La mamie de Côme est très en colère contre lui :

« C'est incroyable, tu sais à peine compter jusqu'à 10 ! Mais qu'est-ce que tu vas devenir ?

- Arbitre de boxe, tiens ! »

Pensée du jour

Aujourd'hui, Paul part en colonie de vacances. Un peu triste, sa maman lui dit :
« Essaie de penser à moi de temps en temps.
- D'accord. Mais au cas où j'oublierais, je le fais tout de suite ! »

Imprimé en Espagne par Graficas Estella (Estella)
Dépôt légal : juin 2011
307431-04/11026397 - janvier 2014